U0069417

感謝所有來到我生命中的
每一個人每一件事
謝謝你們
我愛你們

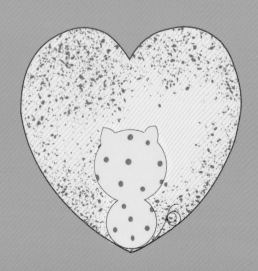

我是來自呼嚕星球的魔法師

亮亮

我很好奇地球跟我的呼嚕星球
會有什麼不一樣呢？

我帶著好玩的心去地球旅行

帶著探險沒有任何限制的心降落地球

帶著遊戲心學習
裝著滿滿的愛

帶著好奇心
發揮所有的創造力

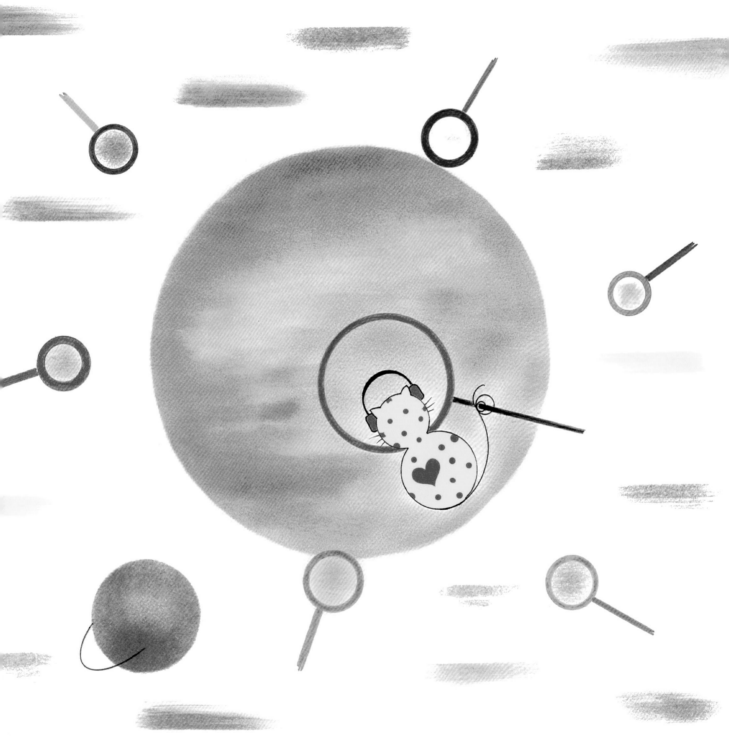

我是主角

帶著看戲的心玩耍　開心玩耍不必入戲太深
所有來到我身邊的人　都是來配合我的演出

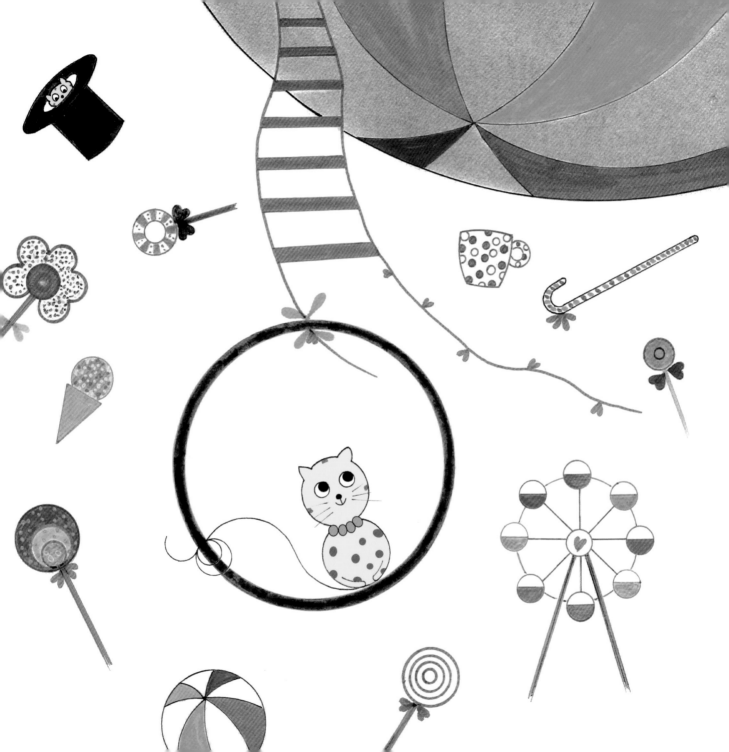

害怕改變嗎？
不要害怕！好好的去享受生命中每一個過程！

寶貝～
每天一小步一小步慢慢走
夢想一定會成真

不需要為了還沒有發生的事擔心

寶貝～放下擔憂那個沉重的擔子
對未來永遠保持樂觀跟信任
其實你也可以選擇不必那麼擔憂的

身體是心靈的一面鏡子

寶貝～是誰在鏡子裡面
是你？　是我？　是他？
你認識嗎？

你總是在乎別人的感受嗎？
你總是活在別人的眼中嗎？

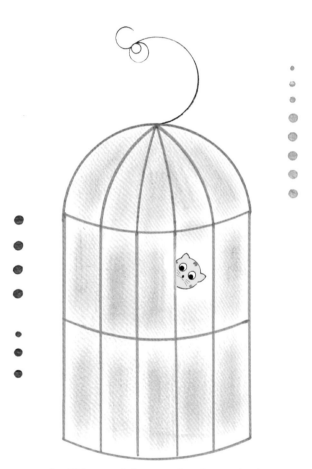

寶貝～外面沒有別人！
力量一直都在你自己身上

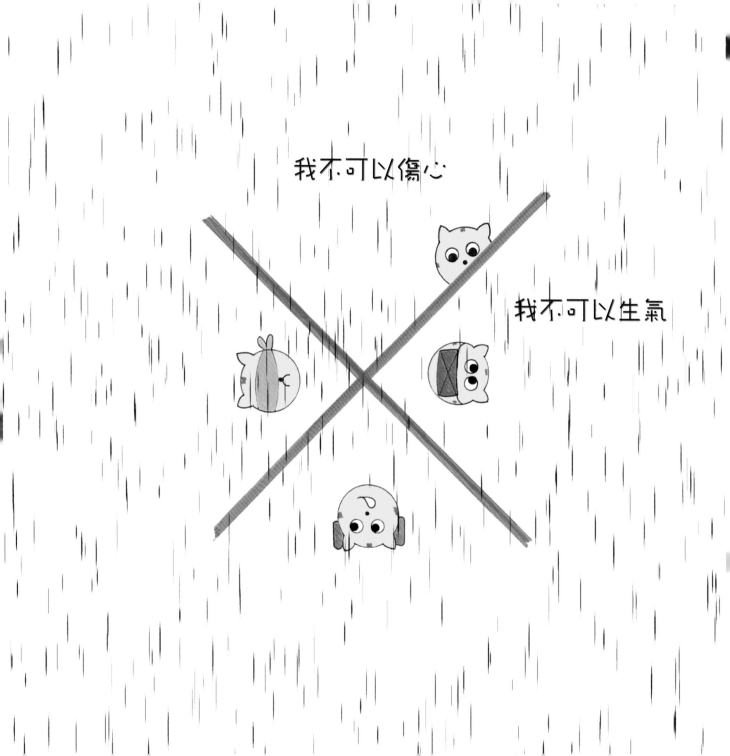

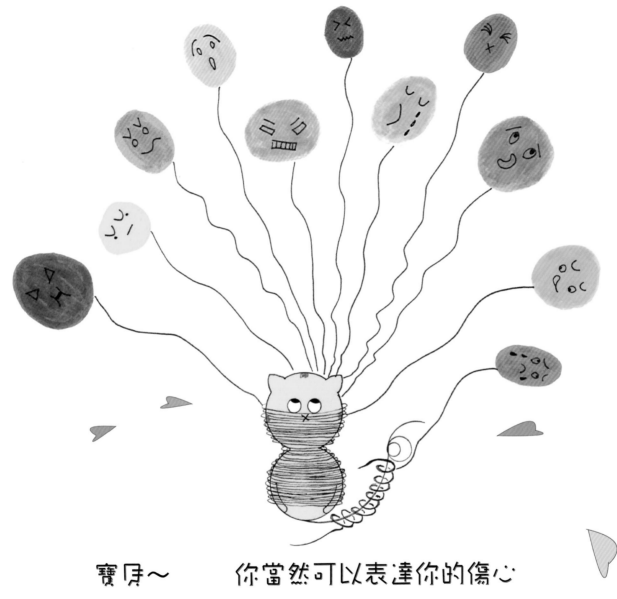

寶貝～　　　你當然可以表達你的傷心
你也可以表達你的生氣

我知道你們都是為我好

但是我只想做我自己想做的事

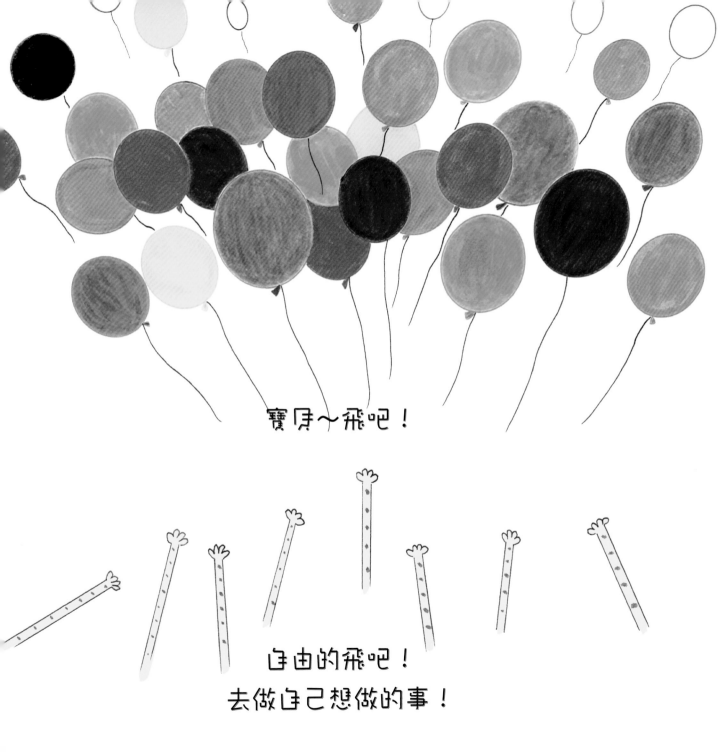

寶貝～飛吧！

自由的飛吧！
去做自己想做的事！

我做的不夠好

我說謊了

我退步了

我不喜歡洗澡

我不聽話

我遲到了

我只想玩耍

我沒禮貌

我只想發呆

我打架了

我不想讀書

我不愛乾淨

我什麼都不會做

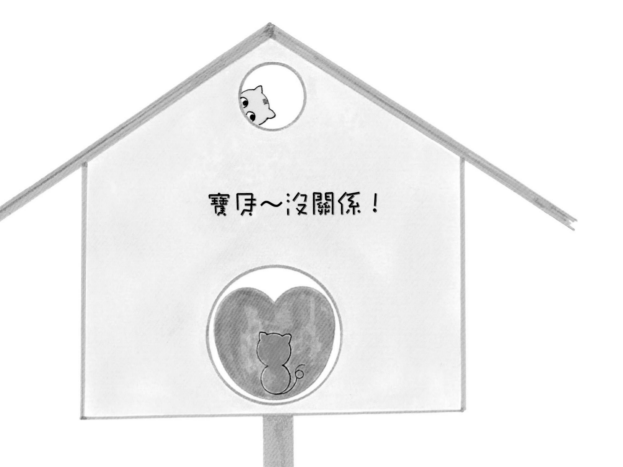

寶貝～沒關係！

你去體驗你自己想要走的路
我一直都在你身邊

真正的完美不是排除不完美
而是接納一切的不完美

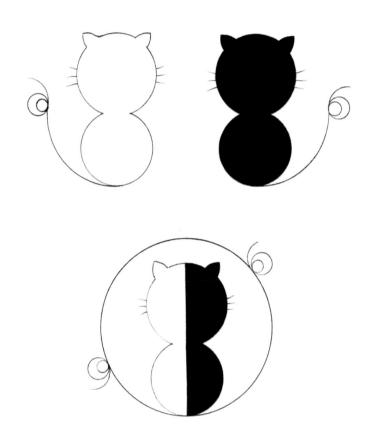

我就是我～我是獨一無二的我
我不完美，我也不需要完美
我接納每個當下的自己

寶貝～我愛你

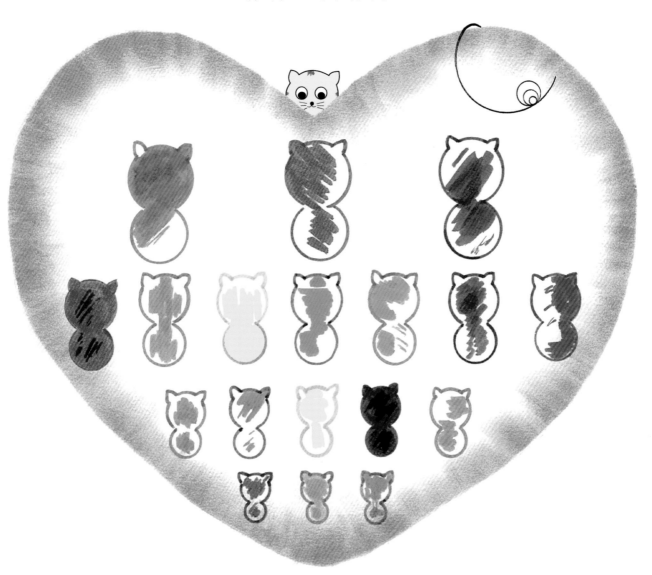

現在的你就是最好的你

你聽到了嗎？

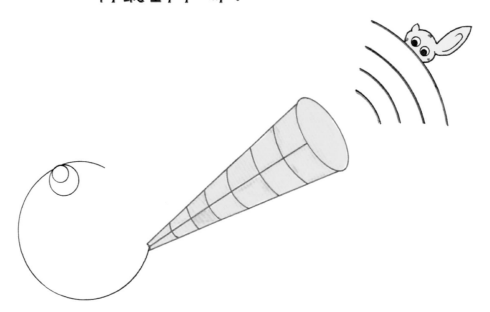

是誰在跟你說悄悄話……

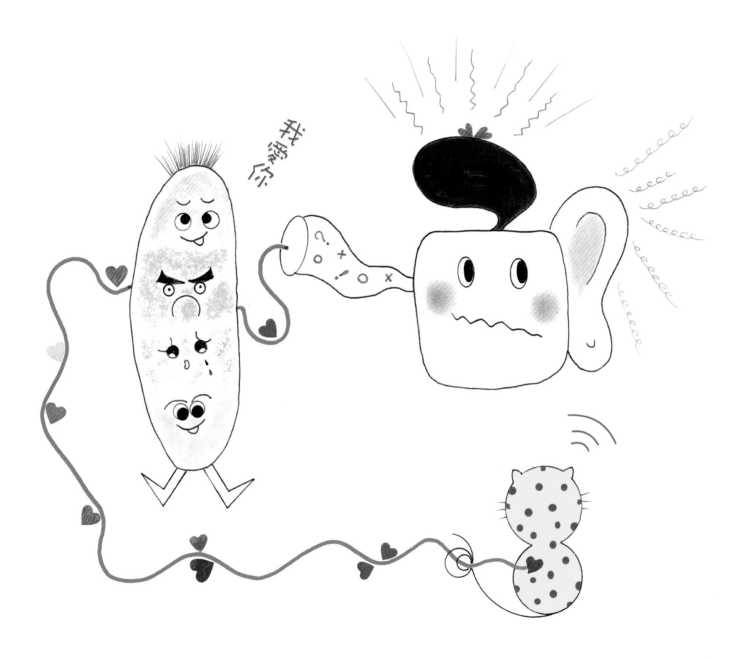

哇～這麼豐盛

我相信我要的都會實現

愛是你愛是我
愛是無限愛是永恆

地球真的是一個非常特別又好玩的星球

我是我自己的魔法師（新版）

作　　者	林珈如
校　　對	林珈如
發 行 人	張輝潭
出版發行	白象文化事業有限公司
	412台中市大里區科技路1號8樓之2（台中軟體園區）
	出版專線：（04）2496-5995　傳眞：（04）2496-9901
	401台中市東區和平街228巷44號（經銷部）
	購書專線：（04）2220-8589　傳眞：（04）2220-8505
專案主編	陳逸儒
出版編印	林榮威、陳逸儒、黃麗穎、陳婷婷、李婕、林金郎
設計創意	張禮南、何佳諳
經紀企劃	張輝潭、徐錦淳、林尉儒
經銷推廣	李莉吟、莊博亞、劉育姍、林政泓
行銷宣傳	黃姿虹、沈若瑜
營運管理	曾千熏、羅禎琳
印　　刷	基盛印刷工場
I S B N	978-626-364-229-4
二版一刷	2024年2月
定　　價	350元

白象文化　印書小舖 PressStore出版隨記　出版‧經銷‧宣傳‧設計
www.ElephantWhite.com.tw　f 自費出版的領導者　購書 白象文化生活館